AF205741

Impressum
Verlag: BABADADA GmbH, Nedderfeld 112 , 22529 Hamburg
Geschäftsführer / Verlagsleitung: Harald Hof
Druck: Books on Demand GmbH, In de Tarpen 42, 22848 Norderstedt

Imprint
Publisher: BABADADA GmbH, Nedderfeld 112 , 22529 Hamburg, Germany
Managing Director / Publishing direction: Harald Hof
Print: Books on Demand GmbH, In de Tarpen 42, 22848 Norderstedt

škola
l'école

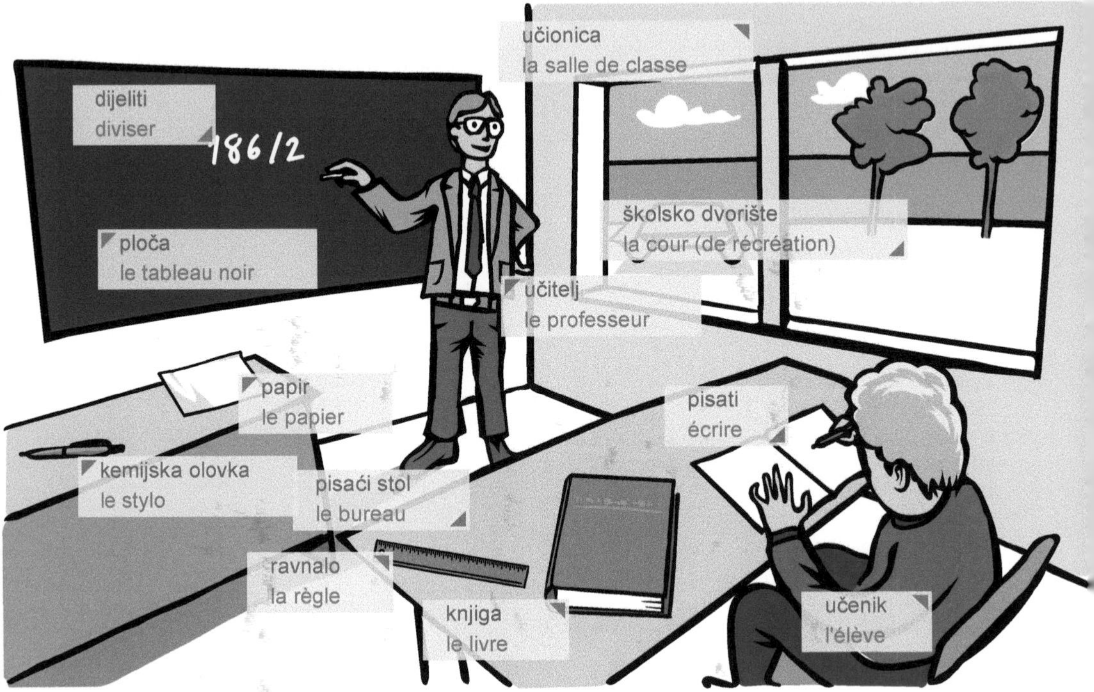
učionica
la salle de classe
dijeliti
diviser
186/2
ploča
le tableau noir
školsko dvorište
la cour (de récréation)
učitelj
le professeur
papir
le papier
pisati
écrire
kemijska olovka
le stylo
pisaći stol
le bureau
ravnalo
la règle
knjiga
le livre
učenik
l'élève

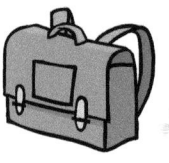

torba

le cartable

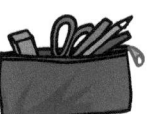

pernica

la trousse

grafitna olovka

le crayon

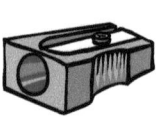

šiljilo za olovke

le taille-crayon

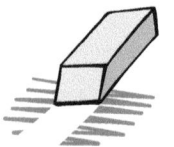

gumica za brisanje

la gomme

blok za crtanje

le carnet à dessin

crtež

le dessin

kist

le pinceau

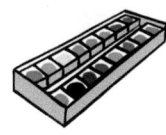

kutija s bojama

la boîte de peinture

makaze

les ciseaux

ljepilo

la colle

bilježnica

le cahier d'exercices

domaći zadatak

les devoirs

broj

le chiffre

2+2

sabirati

additionner

oduzimati

soustraire

množiti

multiplier

računati

calculer

slovo

la lettre

abeceda

l'alphabet

riječ

le mot

tekst

le texte

čitati

lire

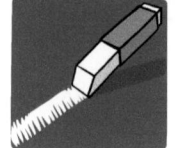

kreda

la craie

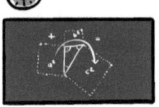

sat

la leçon

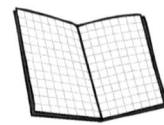

dnevnik

le livre de classe

ispit

l'examen

svjedodžba

le certificat

školska uniforma

l'uniforme scolaire

obrazovanje

la formation

leksikon

le lexique

sveučilište

l'université

mikroskop

le microscope

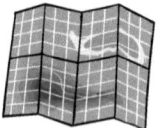

karta

la carte

košara za papir

la corbeille à papier

putovanje
le voyage

hotel
l'hôtel
Grand
prenoćište
l'auberge
ROOMS
mjenjačnica
le bureau de change
kofer
la valise
auto
la voiture

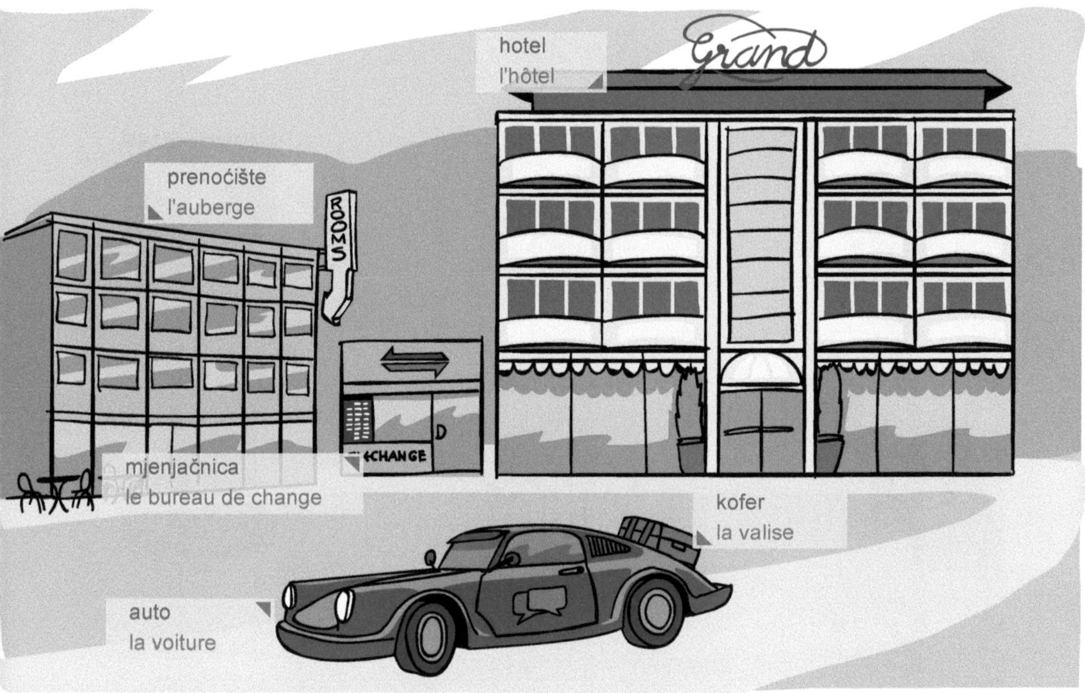

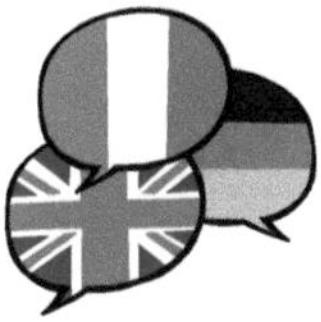

jezik

la langue

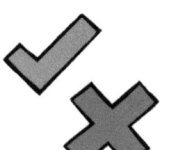

da / ne

oui / non

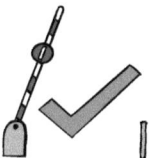

okay

d'accord

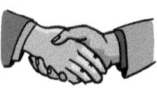

zdravo

Salut

prevoditelj

l'interprète

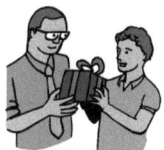

hvala

merci

Koliko košta...?

Combien coûte...?

ne razumijem

Je ne comprends pas

problem

le problème

dobro veče!

Bonsoir !

Dobro jutro!

Bonjour !

Laku noć!

Bonne nuit !

doviđenja

Au revoir

smjer

la direction

prtljaga

les bagages

torba

le sac

ruksak

le sac-à-dos

gost

l'hôte

soba

la pièce

vreća za spavanje

le sac de couchage

šator

la tente

turističke informacije

l'office de tourisme

plaža

la plage

kreditna kartica

la carte de crédit

doručak

le petit-déjeuner

ručak

le déjeuner

večera

le dîner

karta za vožnju

le billet

dizalo

l'ascenseur

poštanska markica

le timbre

granica

la frontière

carina

la douane

ambasada

l'ambassade

viza

le visa

putovnica

le passeport

transport

le transport

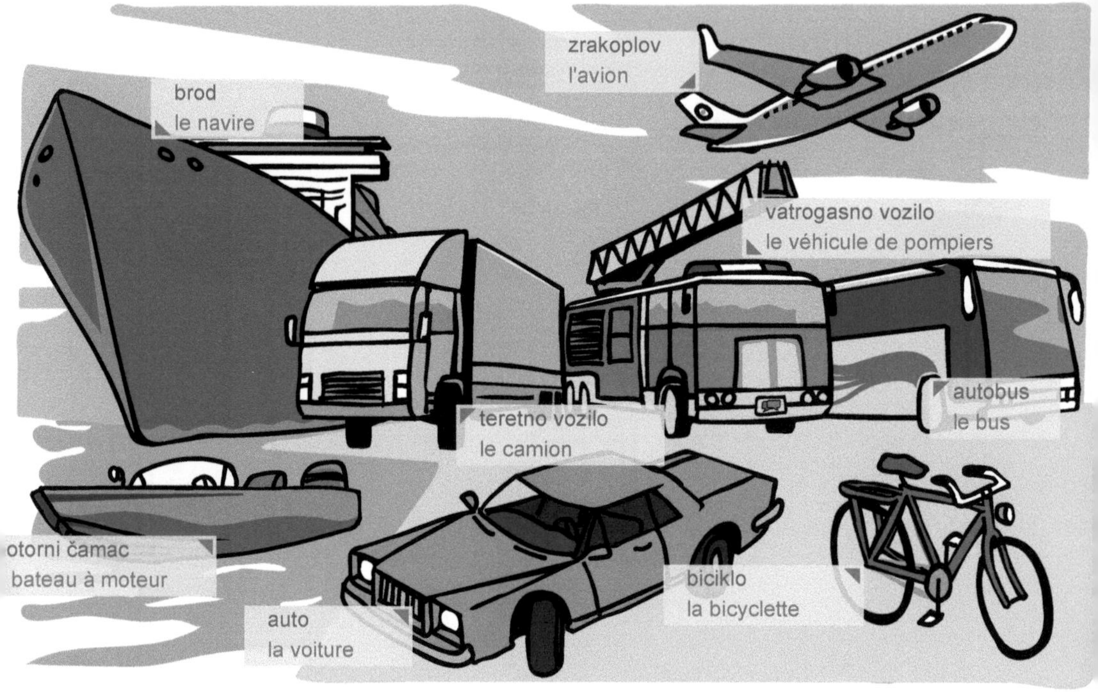

zrakoplov
l'avion
brod
le navire
vatrogasno vozilo
le véhicule de pompiers
autobus
le bus
teretno vozilo
le camion
otorni čamac
bateau à moteur
biciklo
la bicyclette
auto
la voiture

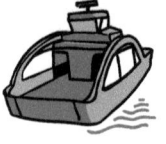

trajekt

le ferry

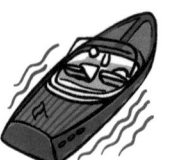

čamac

la barque

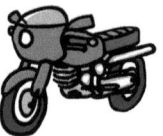

motocikl

la moto

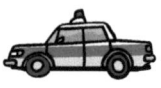

policijski auto

la voiture de police

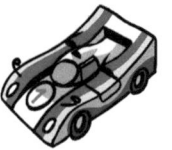

trkaći auto

la voiture de course

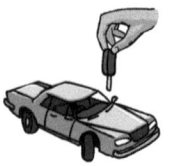

iznajmljeno auto

la voiture de location

dijeljenje automobila

l'auto-partage

vučno vozilo

la voiture de remorquage

vozilo za odvoz smeća

la benne à ordures

motor

le moteur

benzin

l'essence

benzinska postaja

la station d'essence

prometni znak

le panneau indicateur

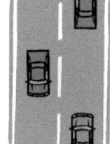

promet

le trafic

zastoj

l'embouteillage

parkiralište

le parking

kolodvor

la gare

šine

les rails

vlak

le train

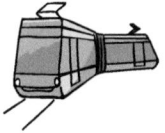

tramvaj

le tramway

vagon

le wagon

helikopter

l'hélicoptère

zrakoplovna luka

l'aéroport

toranj

la tour

putnik

le passager

kontejner

le conteneur

karton

le carton

kolica

le chariot

košara

la corbeille

uzletjeti / sletjeti

décoller / atterrir

grad

la ville

selo

le village

centar grada

le centre-ville

kuća

la maison

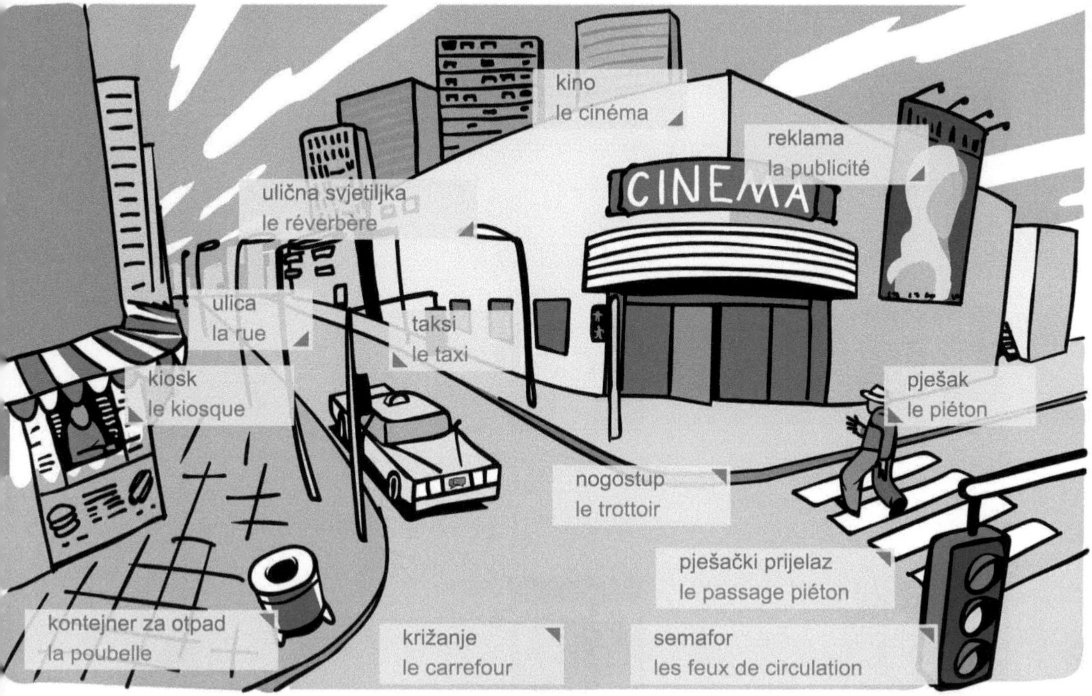

kino
le cinéma
reklama
la publicité
ulična svjetiljka
le réverbère
ulica
la rue
taksi
le taxi
kiosk
le kiosque
pješak
le piéton
nogostup
le trottoir
pješački prijelaz
le passage piéton
kontejner za otpad
la poubelle
križanje
le carrefour
semafor
les feux de circulation
CINEMA

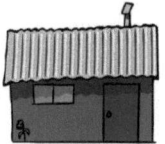

koliba
la cabane

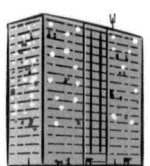

stan
l'appartement

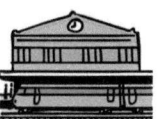

kolodvor
la gare

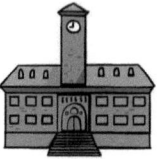

vijećnica
la mairie

MUSEUM
muzej
le musée

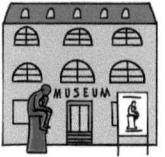

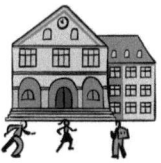

škola
l'école

sveučilište

l'université

banka

la banque

bolnica

l'hôpital

hotel

l'hôtel

ljekarna

la pharmacie

ured

le bureau

knjižara

la librairie

prodavaonica

le magasin

cvjećara

le fleuriste

supermarket

le supermarché

trg

le marché

robna kuća

le grand magasin

ribarnica

la poissonnerie

trgovački centar

le centre commercial

luka

le port

park
le parc

klupa
la banque

most
le pont

stepenice
les escaliers

podzemna željeznica
le métro

tunel
le tunnel

autobusna stanica
l'arrêt de bus

bar
le bar

restoran
le restaurant

poštansko sanduče
la boîte à lettres

ulični znak
le panneau indicateur

parkirni sat
le parcmètre

zoološki vrt
le zoo

bazen
le réverbère

džamija
la mosquée

grad - la ville

seosko gazdinstvo

la ferme

zagađenje okoliša

la pollution

groblje

la cimetière

crkva

l'église

igralište

l'aire de jeux

hram

le temple

krajolik

le paysage

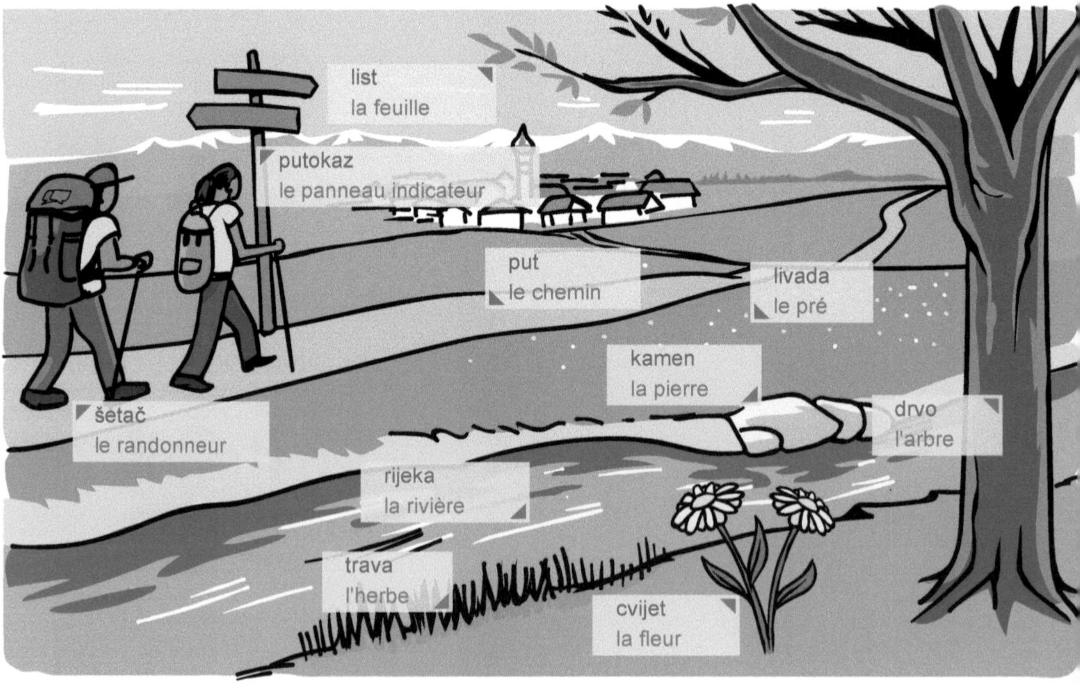

list
la feuille

putokaz
le panneau indicateur

put
le chemin

livada
le pré

kamen
la pierre

drvo
l'arbre

šetač
le randonneur

rijeka
la rivière

trava
l'herbe

cvijet
la fleur

dolina

la vallée

planina

la montagne

jezero

le lac

šuma

la forêt

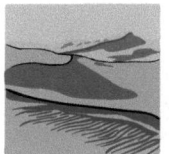

pustinja

le désert

vulkan

le volcan

dvorac

le château

duga

l'arc-en-ciel

gljiva

le champignon

palma

le palmier

moskito

le moustique

muha

la mouche

mrav

les fourmis

pčela

l'abeille

pauk

l'araignée

buba

le coléoptère

žaba

la grenouille

vjeverica

l'écureuil

jež

le hérisson

zec

le lièvre

sova

la chouette

ptica

l'oiseau

labud

le cygne

divlja svinja

le sanglier

jelen

le cerf

los

l'élan

nasip

le barrage

vjetrenjača

l'éolienne

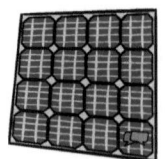

solarna ploča

le panneau solaire

klima

le climat

restoran
le restaurant

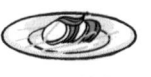

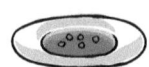

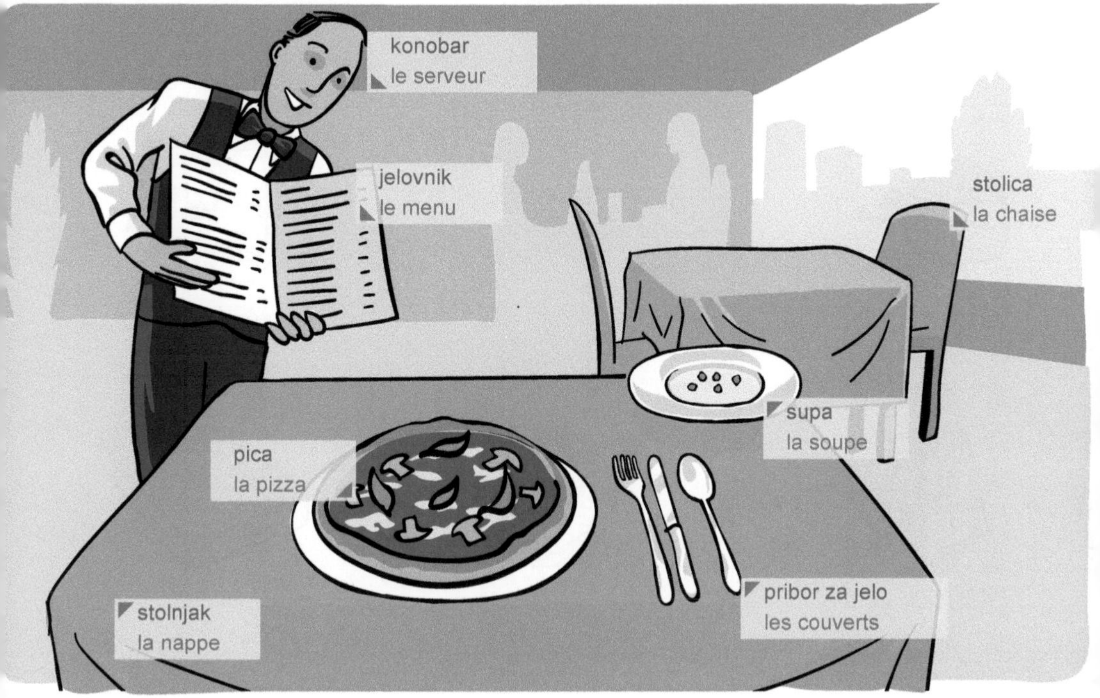
konobar
le serveur
jelovnik
le menu
stolica
la chaise
supa
la soupe
pica
la pizza
pribor za jelo
les couverts
stolnjak
la nappe

predjelo

les hors d'œuvre

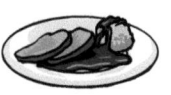

glavno jelo

le plat principal

desert

le dessert

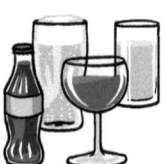

napitci

les boissons

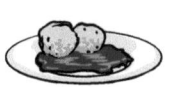

jelo

l'alimentation

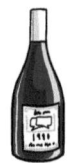

boca

la bouteille

fastfood

le fast-food

imbis hrana

les plats à emporter

čajnik

la théière

doza za šećer

le sucrier

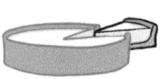

porcija

la portion

aparat za espresso

la machine à expresso

visoka stolica

la chaise haute

račun

la facture

pladanj

le plateau

nož

le couteau

vilica

la fourchette

žlica

la cuillère

čajna žlica

la cuillère à thé

ubrus

la serviette

čaša

le verre

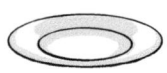

tanjur

l'assiette

tanjur za supu

l'assiette à soupe

tanjurić

la soucoupe

sos

la sauce

soljenka

la salière

mlin za biber

le moulin à poivre

ocat

le vinaigre

ulje

l'huile

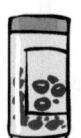

začini

les épices

kečap

le ketchup

senf

la moutarde

majoneza

la mayonnaise

supermarket
le supermarché

ponuda
l'offre promotionnelle
kupac
le client
mliječni proizvodi
les produits laitiers
voće
les fruits
kolica za kupnju
le chariot
FOR

BUTCHERS

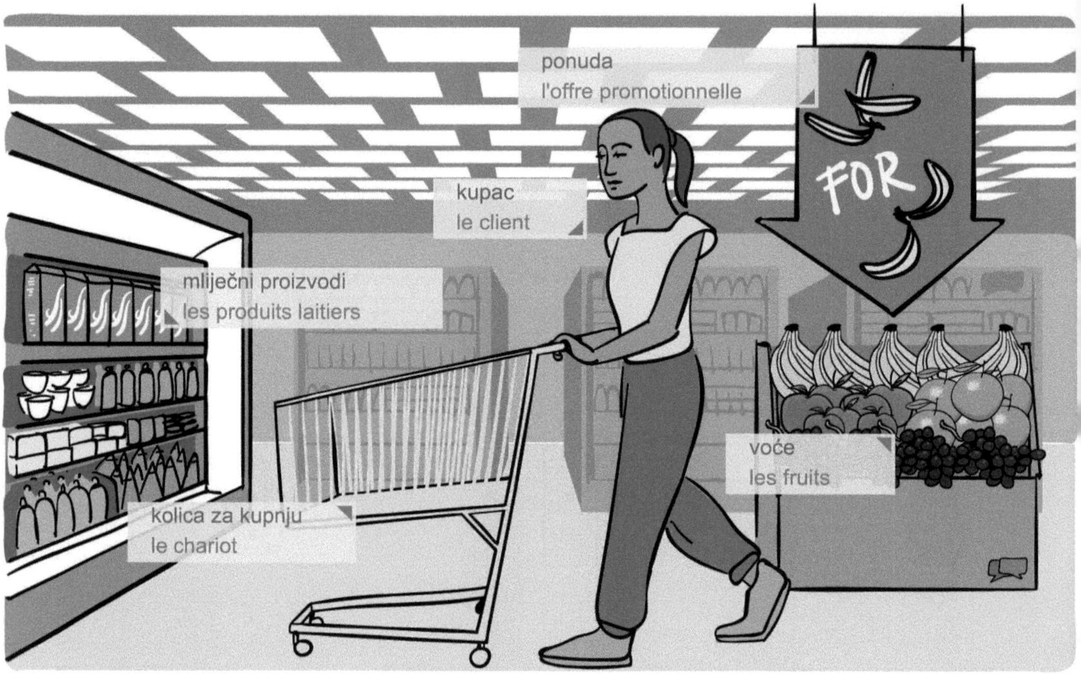

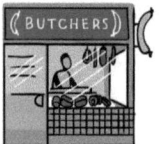

mesnica

la boucherie

BAKERY

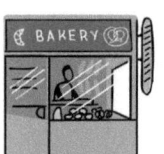

pekarnica

la boulangerie

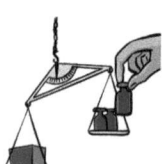

vagati

peser

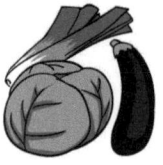

povrće

les légumes

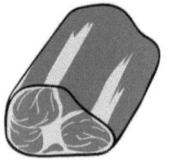

meso

la viande

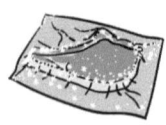

duboko smrznuta hrana

les aliments surgelés

narezak

la charcuterie

konzerve

les conserves

sredstvo za pranje

la poudre à lessive

slatkiši

les bonbons

artikli za domaćinstvo

les articles ménagers

sredstva za čišćenje

les détergents

prodavačica

la vendeuse

blagajna

la caisse

blagajnik

le caissier

lista za kupnju

la liste d'achats

vrijeme rada

les heures d'ouverture

novčanik

le portefeuille

kreditna kartica

la carte de crédit

torba

le sac

plastična vrećica

le sac en plastique

voda

l'eau

sok

le jus de fruit

mlijeko

le lait

cola

le coca

vino

le vin

pivo

la bière

alkohol

l'alcool

kakao

le chocolat chaud

čaj

le thé

kava

le café

espresso

l'expresso

cappuccino

le cappuccino

banana

la banane

jabuka

la pomme

naranča

l'orange

lubenica

le melon

limun

le citron.

mrkva

la carotte

češnjak

l'ail

bambus

le bambou

luk

l'oignon

gljiva

le champignon

orašasti plodovi

les noisettes

rezanci

les pâtes

špagete

les spaghetti

riža

le riz

salata

la salade

pomfrit

les pommes frites

pečeni krumpir

les pommes de terre rôties

pica

la pizza

hamburger

le hamburger

sendvič

le sandwich

šnicla

l'escalope

pršut

le jambon

salama

le salami

kobasica

la saucisse

kokoš

le poulet

pečenje

le rôti

riba

le poisson

zobene pahuljice

les flocons d'avoine

musli

le muesli

kukuruzne pahuljice

les cornflakes

brašno

la farine

roščić

le croissant

pecivo

les petits-pains

kruh

le pain

toast

le pain grillé

keksi

les biscuits

maslac

le beurre

svježi sir

le fromage blanc

kolač

le gâteau

jaje

l'œuf

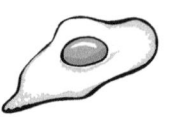

jaje na oko

l'œuf au plat

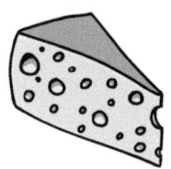

sir

le fromage

sladoled

la glace

šećer

le sucre

med

le miel

marmelada

la confiture

nugat krema

la crème nougat

curry

le curry

seosko gazdinstvo
la ferme

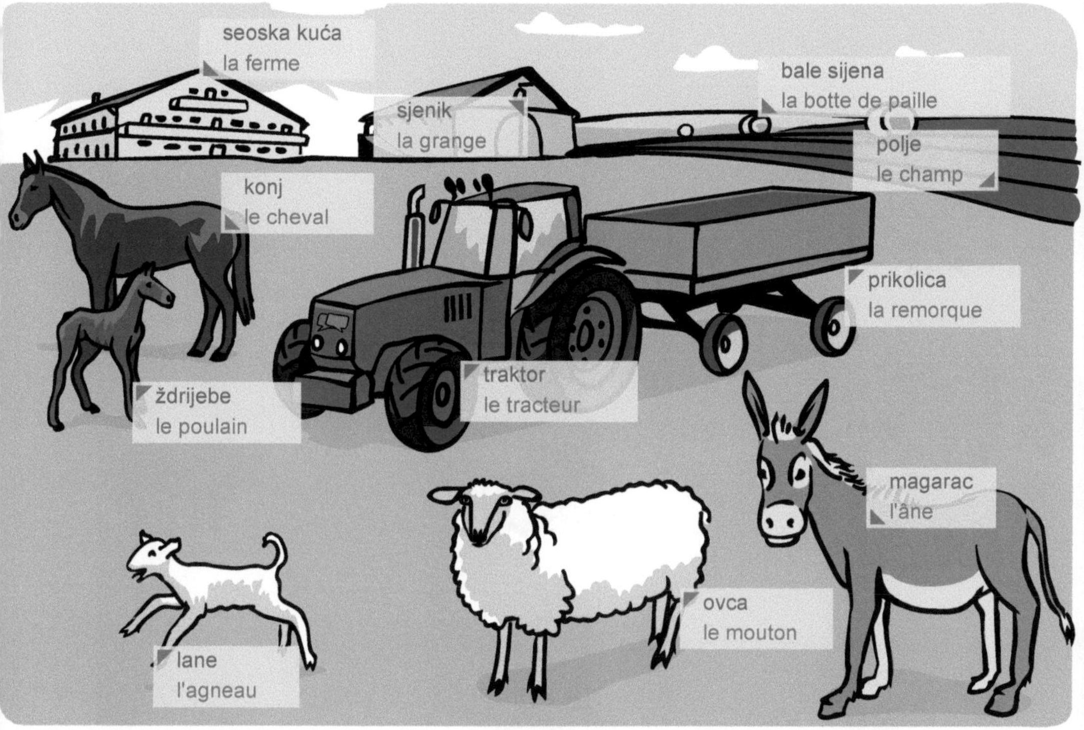
seoska kuća
la ferme
bale sijena
la botte de paille
sjenik
la grange
polje
le champ
konj
le cheval
prikolica
la remorque
traktor
le tracteur
ždrijebe
le poulain
magarac
l'âne
ovca
le mouton
lane
l'agneau

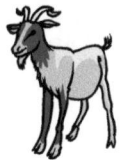

koza
la chèvre

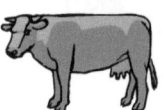

krava
la vache

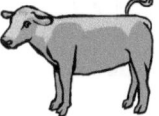

tele
le veau

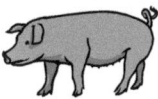

svinja
le porc

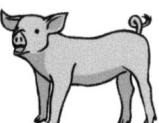

prase
le porcelet

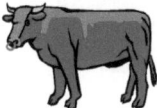

bik
le taureau

guska

l'oie

patka

le canard

pilići

le poussin

kokoš

la poule

pijetao

le coq

pacov

le rat

mačka

le chat

miš

la souris

vol

le bœuf

pas

le chien

kućica za psa

le chenil

vrtno crijevo

le tuyau de jardin

kanta za polijevanje

l'arrosoir

kosa

la faucheuse

plug

la charrue

srp

la faucille

motika

la pioche

vilica za gnojivo

la fourche

sjekira

la hache

tačke

la brouette

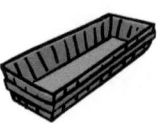

korito

la cuve

posuda za mlijeko

le pot à lait

vreća

le sac

ograda

la clôture

štala

l'étable

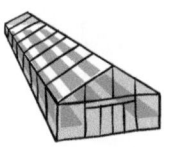

staklenik

le serre

zemlja

le sol

sjeme

les semences

gnojivo

l'engrais

kombajn

la moissonneuse-batteuse

žanjati

récolter

žetva

la récolte

yams začin

l'igname

pšenica

le blé

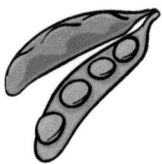

soja

le soja

krumpir

la pomme de terre

kukuruz

le maïs

uljana repica

le colza

voćka

l'arbre fruitier

gomolj manioke

le manioc

žitarice

les céréales

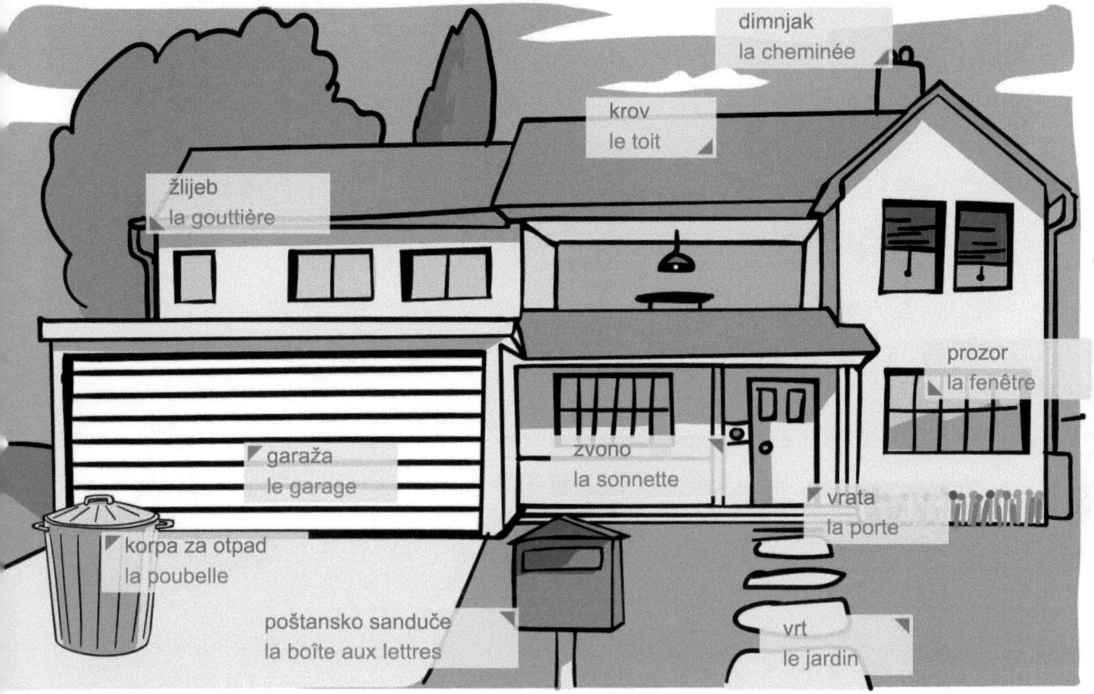

dimnjak
la cheminée

krov
le toit

žlijeb
la gouttière

prozor
la fenêtre

garaža
le garage

zvono
la sonnette

vrata
la porte

korpa za otpad
la poubelle

poštansko sanduče
la boîte aux lettres

vrt
le jardin

dnevna soba
....
le salon

kupaonica
....
la salle de bain

kuhinja
....
la cuisine

spavaća soba
....
la chambre à coucher

dječija soba
....
la chambre d'enfant

trpezarija
....
la salle à manger

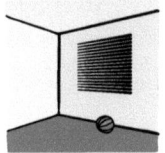

pod
le sol

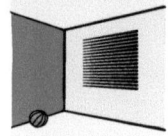

zid
le mur

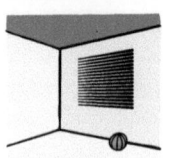

strop
le plafond

podrum
la cave

sauna
le sauna

balkon
le balcon

terasa
la terrasse

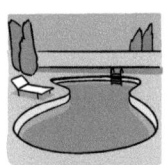

bazen
la piscine

kosilica za travu
la tondeuse à gazon

posteljina za krevet
la housse

deka za krevet
la couette

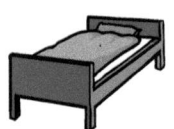

krevet
le lit

metla
le balai

kanta
le sceau

sklopka
l'interrupteur

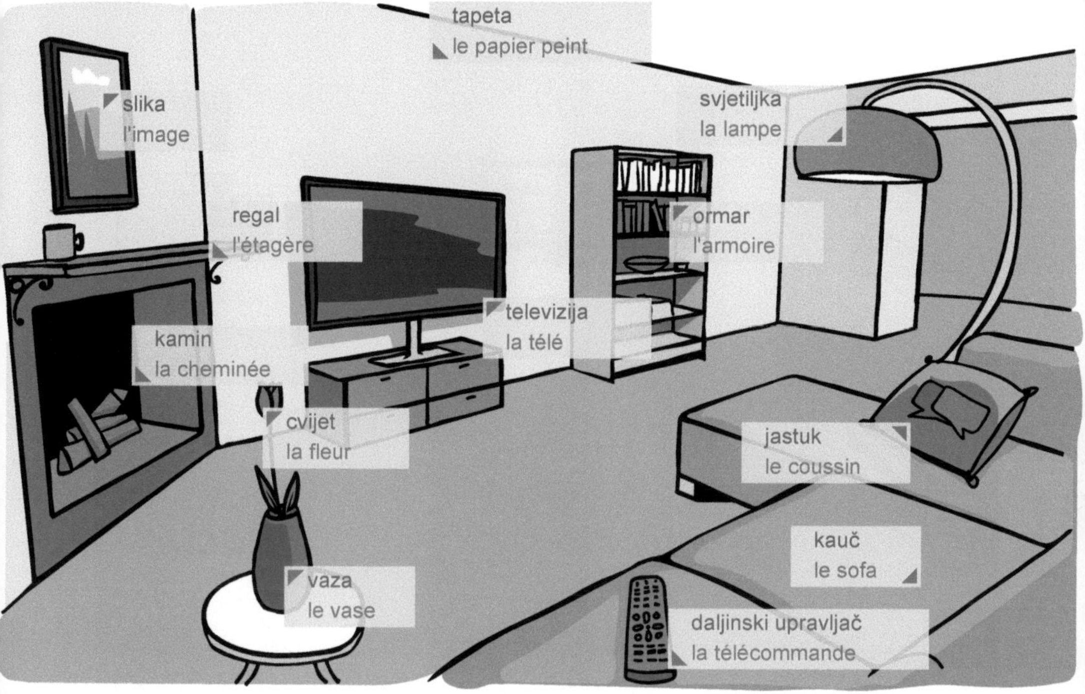

tapeta
le papier peint

slika
l'image

svjetiljka
la lampe

regal
l'étagère

ormar
l'armoire

kamin
la cheminée

televizija
la télé

cvijet
la fleur

jastuk
le coussin

kauč
le sofa

vaza
le vase

daljinski upravljač
la télécommande

tepih
le tapis

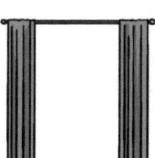

zavjesa
le rideau

stol
la table

stolica
la chaise

stolica za njihanje
la chaise à bascule

fotelja
le fauteuil

knjiga

le livre

deka

la couverture

dekoracija

la décoration

drvo za ogrjev

le bois de chauffage

film

le film

stereo uređaj

la chaîne hi-fi

ključ

la clé

novine

le journal

slika na platnu

la peinture

poster

le poster

radio

la radio

blok za pisanje

le bloc-notes

usisavač

l'aspirateur

kaktus

le cactus

svijeća

la bougie

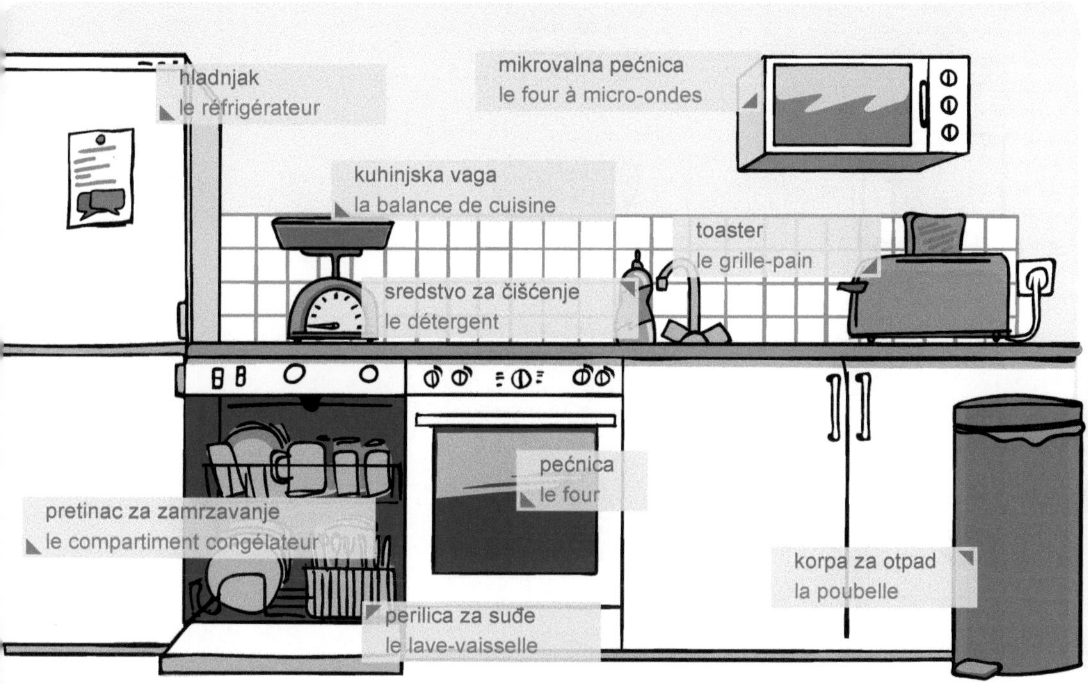

hladnjak
le réfrigérateur

mikrovalna pećnica
le four à micro-ondes

kuhinjska vaga
la balance de cuisine

toaster
le grille-pain

sredstvo za čišćenje
le détergent

pretinac za zamrzavanje
le compartiment congélateur

pećnica
le four

korpa za otpad
la poubelle

perilica za suđe
le lave-vaisselle

štednjak
le four

lonac
la casserole

željezni lonac
la marmite

wok / kadai
le wok / kadai

tava
la poêle

kuhalo za vodu
la bouilloire electrique

kuhalo na paru

le cuiseur vapeur

lim za pečenje

la plaque de cuisson

posuđe

la vaisselle

čaša

le gobelet

zdjela

la coupe

štapići za jelo

les baguettes

kutljača

la louche

lopatica

la spatule

pjenjača

le fouet

sito za kuhanje

la passoire

sito

le tamis

ribež

la râpe

mužar

le mortier

roštilj

le barbecue

ognjište

la cheminée

daska

la planche à découper

oklagija

le rouleau à pâtisserie

vadičep

le tire-bouchon

konzerva

la boîte

otvarač konzervi

l'ouvre-boîte

krpa za lonac

les maniques

sudoper

le lavabo

četka

la brosse

spužva

l'éponge

mikser

le mixeur

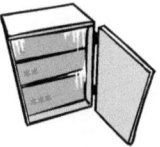

zamrzivač

le congélateur

bočica za bebe

le biberon

slavina za vodu

le robinet

kupaonica
la salle de bain

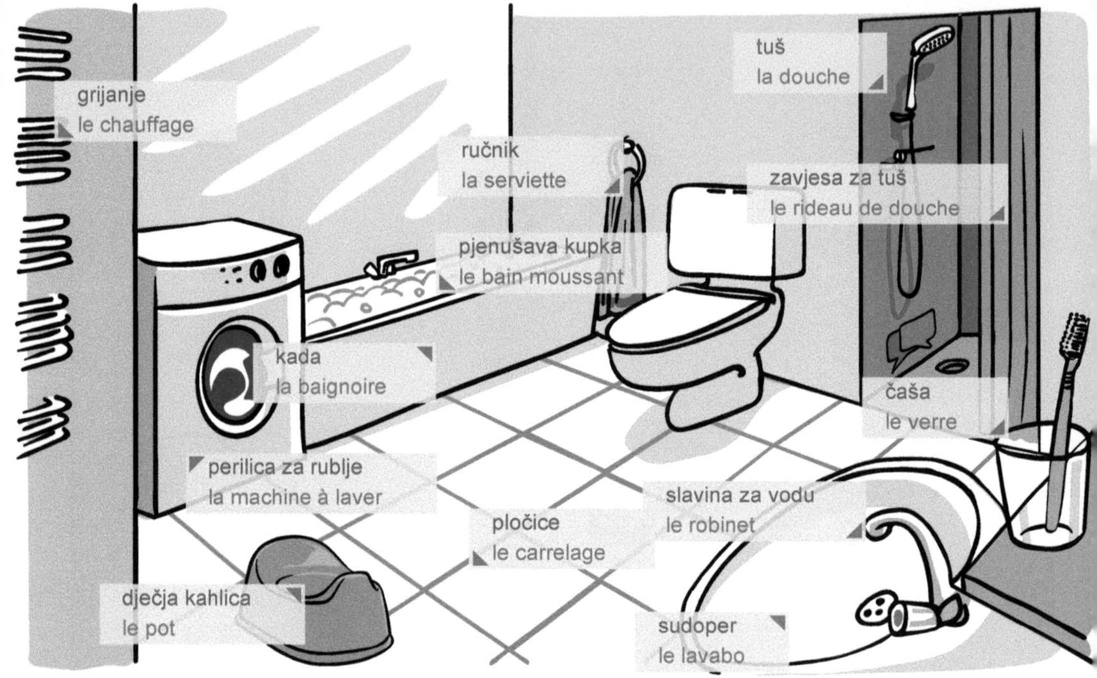
grijanje
le chauffage
tuš
la douche
ručnik
la serviette
zavjesa za tuš
le rideau de douche
pjenušava kupka
le bain moussant
kada
la baignoire
čaša
le verre
perilica za rublje
la machine à laver
slavina za vodu
le robinet
pločice
le carrelage
dječja kahlica
le pot
sudoper
le lavabo

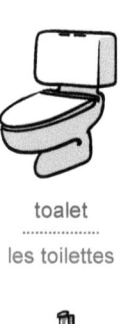

toalet

les toilettes

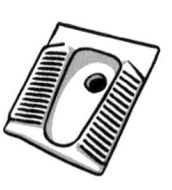

čučavac

la toilette à la turque

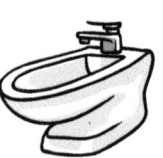

bidet

le bidet

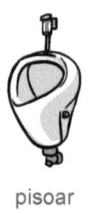

pisoar

l'urinoir

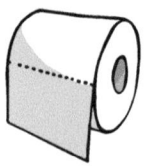

papir za toalet

le papier toilette

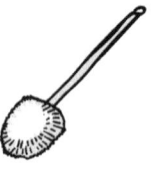

četka za toalet

la brosse à toilette

četkica za zube

la brosse à dents

pasta za zube

le dentifrice

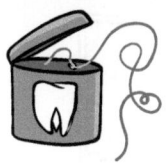

konac za zube

le fil dentaire

prati

laver

tuš ručica

la douche manuelle

tuš za pranje intimnih dijelova

la douche intime

lavor

la vasque

četka za pranje leđa

la brosse dorsale

sapun

le savon

gel za tuširanje

le gel douche

šampon

le shampooing

krpa za pranje

le gant de toilette

odvod

l'écoulement

krema

la crème

dezodorans

le déodorant

ogledalo

le miroir

kozmetičko ogledalo

le miroir cosmétique

brijač

le rasoir

pjena za brijanje

la mousse à raser

losion za poslije brijanja

l'après-rasage

češalj

la peigne

četka

la brosse

sušilo za kosu

le sèche-cheveux

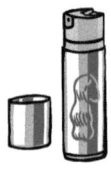

sprej za kosu

la laque pour cheveux

makeup

le fond de teint

ruž za usne

le rouge à lèvres

lak za nokte

le vernis à ongles

vata

l'ouate

škare za nokte

le coupe-ongles

parfem

le parfum

neseser

la trousse de toilette

stolica

le tabouret

vaga

le pèse-personne

ogrtač

le peignoir

rukavice za čišćenje

les gants de nettoyage

tampon

le tampon

uložak

les serviettes hygiéniques

kemijski toalet

la toilette chimique

dječija soba

la chambre d'enfant

budilnik
le réveil
plišana igračka
le doudou
auto igračka
la voiture jouet
zvečka
le hochet
kućica za lutke
la maison de poupée
poklon
le cadeau

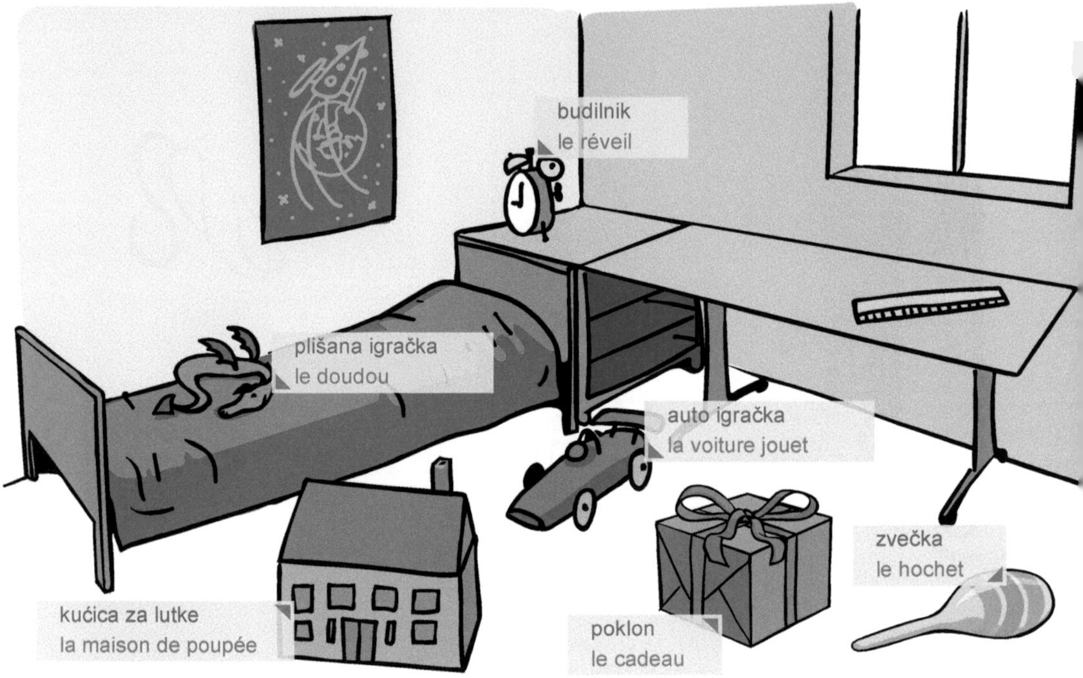

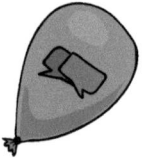

balon

le ballon

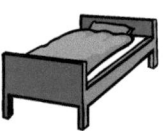

krevet

le lit

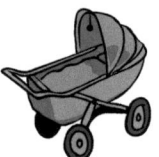

dječija kolica

la poussette

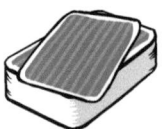

igra s kartama

le jeu de cartes

slagalica

le puzzle

SUPER
MEGA

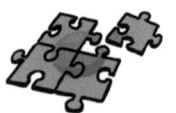

strip

la bande dessinée

lego kockice

les pièces lego

kockice za slaganje

les blocs de construction

akcioni junak

la figurine

kombinezon za bebe

la grenouillère

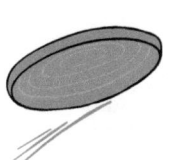

frizbi

le frisbee

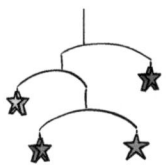

viseće igračke

le mobile

društvene igre

le jeu de société

kocka

le dé

minijaturna željeznica

le train miniature

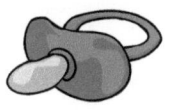

duda

la sucette

tulum

la fête

slikovnica

le livre d'images

lopta

la balle

lutka

la poupée

igrati

jouer

pješčanik

le bac à sable

ljuljačka

la balançoire

igračka

les jouets

konzola za igre

la console de jeu

tricikl

le tricycle

plišani medo

l'ours en peluche

ormar

l'armoire

odjeća

les vêtements

kratke čarape

les chaussettes

čarape

les bas

hulahopke

le collant

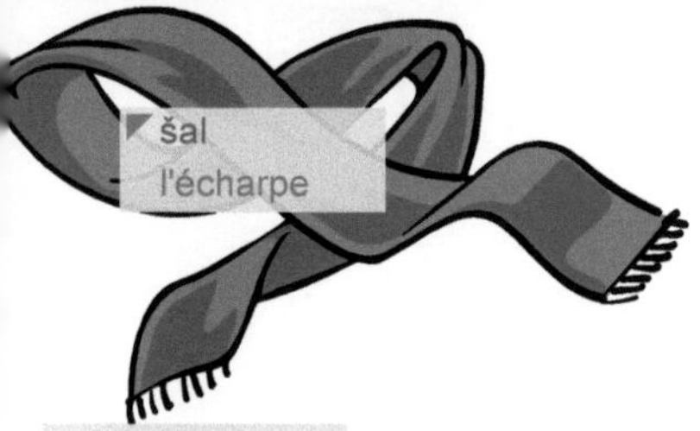

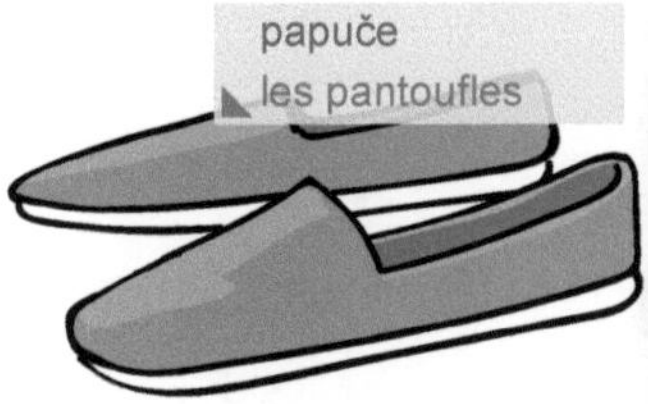

šal
l'écharpe

kišobran
le parapluie

t-shirt
le t-shirt

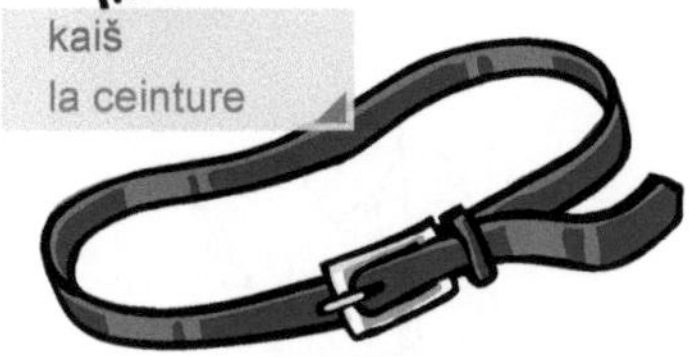

kaiš
la ceinture

čizme
les bottes

papuče
les pantoufles

patike
les baskets

sandale
....
les sandales

cipele
....
les chaussures

gumene čizme
....
les bottes de caoutchouc

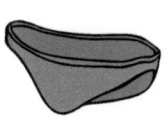

gaćice
....
les sous-vêtements

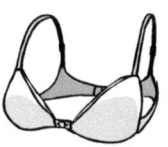

grudnjak
....
le soutien-gorge

potkošulja
....
le maillot de corps

bodi
le body

hlače
le pantalon

džins
le jean

haljina
la jupe

bluza
le chemisier

košulja
la chemise

džemper
le pull

pulover s kapuljačom
le sweat à capuche

blejzer
la veste

jakna
la veste

kaput
le manteau

kabanica
l'imperméable

kostim
le costume

haljina
la robe

vjenčanica
la robe de mariée

odijelo

le costume

spavaćica

la chemise de nuit

pidžama

le pyjama

sari

le sari

rubac

le foulard

turban

le turban

burka

la burqa

kaftan

le caftan

abaja

l'abaya

kupaći kostim

le maillot de bain

kupaće gaćice

le maillot de bain

kratke hlače

le short

odjeća za trening

la tenue d'entraînement

pregača

le tablier

rukavice

les gants

gumb

le bouton

naočale

les lunettes

narukvica

le bracelet

ogrlica

le collier

prsten

la bague

naušnica

la boucle d'oreille

kapa

le bonnet

vješalica

le cintre

šešir

le chapeau

kravata

la cravate

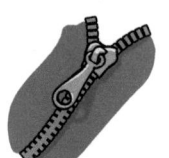

patent zatvarač

la fermeture éclair

kaciga

le casque

naramenice

les bretelles

školska uniforma

l'uniforme scolaire

uniforma

l'uniforme

podbradak
le bavoir

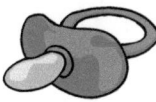

duda
la sucette

pelena
la lange

ured

le bureau

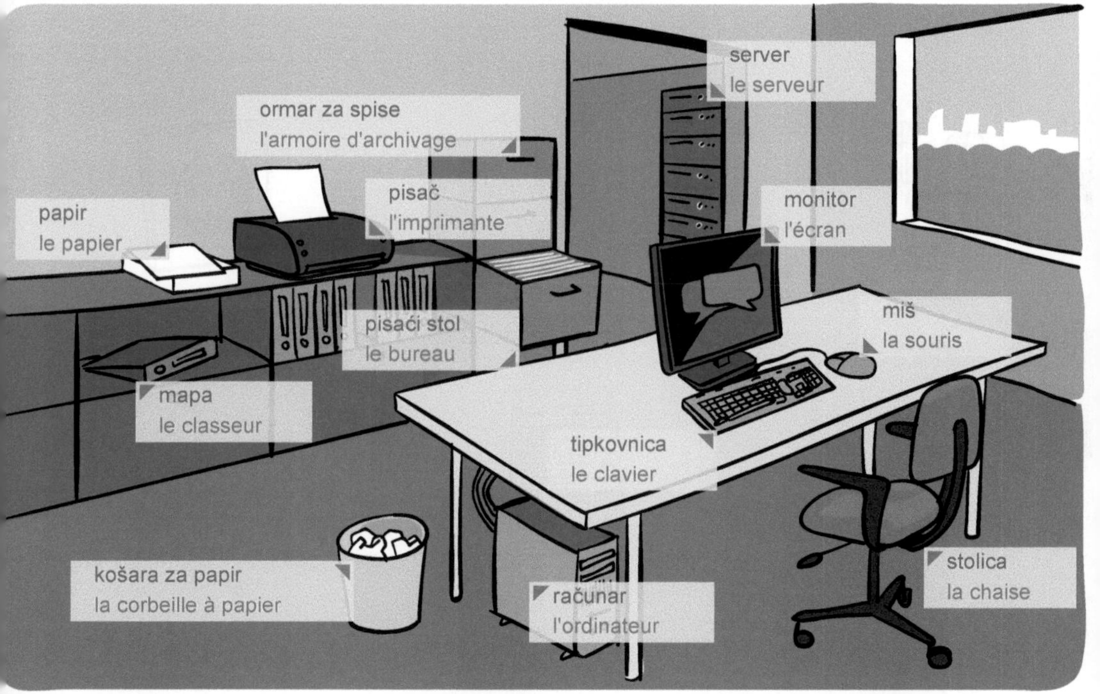

server
le serveur

ormar za spise
l'armoire d'archivage

pisač
l'imprimante

monitor
l'écran

papir
le papier

pisaći stol
le bureau

miš
la souris

mapa
le classeur

tipkovnica
le clavier

košara za papir
la corbeille à papier

stolica
la chaise

računar
l'ordinateur

šalica za kavu
la tasse de café

kalkulator
la calculatrice

internet
l'internet

laptop

l'ordinateur portable

pismo

la lettre

poruka

le message

mobilni telefon

le portable

mreža

le réseau

uređaj za kopiranje

la photocopieuse

softver

le logiciel

telefon

le téléphone

utičnica

la prise

faks

le fax

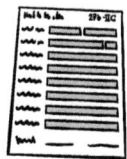

obrazac

le formulaire

dokument

le document

kupovati

acheter

platiti

payer

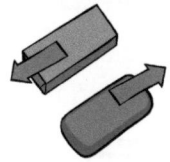

trgovati

faire du commerce

novac

la monnaie

dolar

le dollar

euro

l'euro

jen

le yen

rubalj

le rouble

švicarski franak

le franc suisse

renmindbi yuan

le renminbi yuan

rupija

la roupie

automat za novac

le distributeur automatique

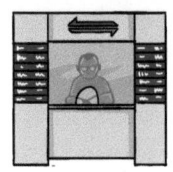

mjenjačnica

le bureau de change

zlato

l'or

srebro

l'argent

nafta

le pétrole

energija

l'énergie

cijena

le prix

ugovor

le contrat

porez

la taxe

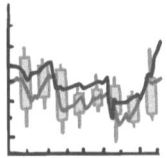

dionica

l'action

raditi

travailler

službenik

l'employé

poslodavac

l'employeur

tvornica

l'usine

prodavaonica

le magasin

policajac
l'agent de police

vatrogasac
le pompier

kuhar
le cuisinier

liječnik
le médecin

pilot
le pilote

vrtlar

le jardinier

stolar

le menuisier

krojačica

la couturière

sudija

le juge

kemičar

le chimiste

glumac

l'acteur

vozač autobusa

le conducteur de bus

vozač taksija

le chauffeur de taxi

ribar

le pêcheur

čistačica

la femme de ménage

krovopokrivač

le couvreur

konobar

le serveur

lovac

le chasseur

slikar

le peintre

pekar

le boulanger

električar

l'électricien

građevinski radnik

l'ouvrier

inženjer

l'ingénieur

mesar

le boucher

limar

le plombier

poštar

le facteur

vojnik

le soldat

arhitekta

l'architecte

blagajnik

le caissier

cvjećar

le fleuriste

frizer

le coiffeur

kondukter

le contrôleur

mehaničar

le mécanicien

kapetan

le capitaine

zubar

le dentiste

znanstvenik

le scientifique

rabi

le rabbin

imam

l'imam

monah

le moine

svećenik

le prêtre

alati

les outils

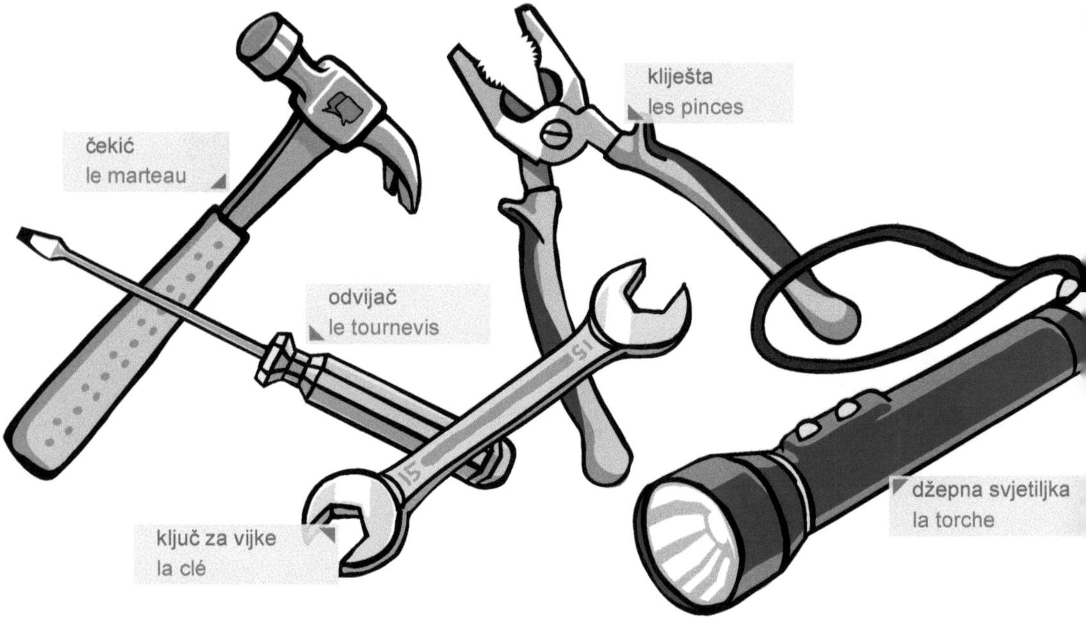

čekić
le marteau
kliješta
les pinces
odvijač
le tournevis
ključ za vijke
la clé
džepna svjetiljka
la torche

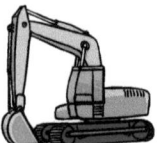

rovokopač

la pelleteuse

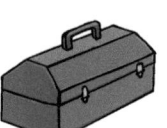

kutija za alat

la boîte à outils

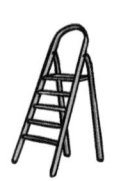

ljestve

l'échelle

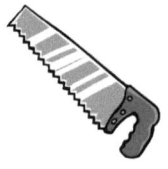

pila

la scie

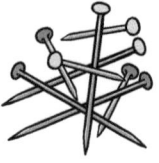

ekser

les clous

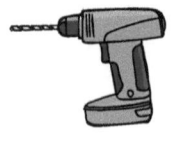

bušilica

la perceuse

popraviti

réparer

lopata

la pelle

Sranje!

Mince !

lopatica

la pelle

lonac za boju

le pot de peinture

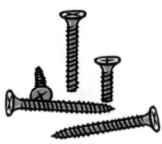

vijci

les vis

glazbeni instrument
les instruments de musique

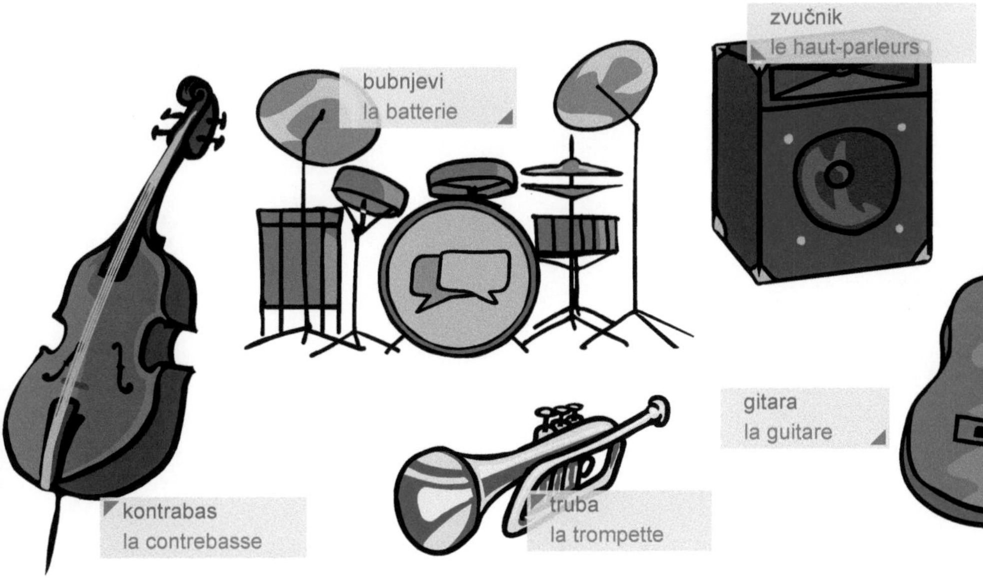

zvučnik
le haut-parleurs

bubnjevi
la batterie

gitara
la guitare

kontrabas
la contrebasse

truba
la trompette

klavir

le piano

violina

le violon

bas

la basse

timpani

les timbales

udaraljke za bubnjeve

le tambour

keyboard

le piano électrique

saksofon

le saxophone

flauta

la flûte

mikrofon

le microphone

zoološki vrt

le zoo

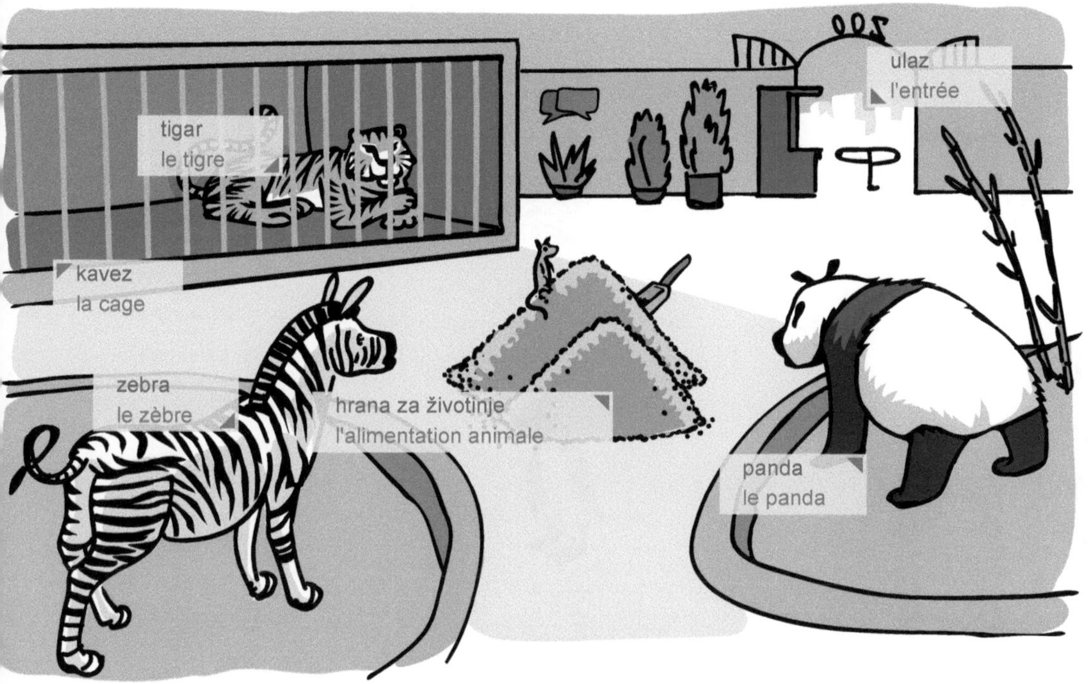

ulaz
l'entrée
tigar
le tigre
kavez
la cage
zebra
le zèbre
hrana za životinje
l'alimentation animale
panda
le panda

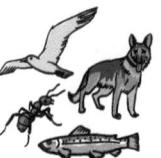

životinje

les animaux

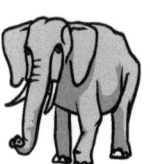

slon

l'éléphant

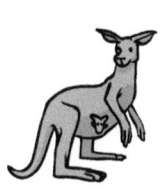

kengur

le kangourou

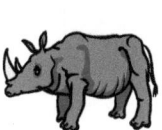

nosorog

le rhinocéros

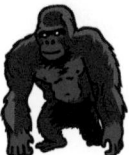

gorila

le gorille

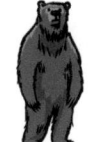

medvjed

l'ours

kamila

le chameau

noj

l'autruche

lav

le lion

majmun

le singe

flamingo

le flamand rose

papagaj

le perroquet

polarni medvjed

l'ours polaire

pingvin

le pingouin

ajkula

le requin

paun

le paon

zmija

le serpent

krokodil

le crocodile

čuvar u zoološkom vrtu

le gardien de zoo

tuljan

le phoque

jaguar

le jaguar

zoološki vrt - le zoo

poni

le poney

leopard

le léopard

nilski konj

l'hippopotame

žirafa

la girafe

orao

l'aigle

divlja svinja

le sanglier

riba

le poisson

kornjača

la tortue

morž

le morse

lisica

le renard

gazela

la gazelle

šport
les sports

američki nogomet
l'american Football

biciklizam
le cyclisme

tenis
le tennis

košarka
le basket-ball

plivanje
la natation

boks
la boxe

hockey na ledu
le hockey sur glace

nogomet
le football

badminton
le badminton

atletika
l'athlétisme

rukomet
le handball

skijanje
le ski

polo
le polo

aktivnosti
les activités

smijati se
rire
skočiti
sauter
zagrliti
embrasser
ići
marcher
pjevati
chanter
sanjati
rêver
moliti se
prier
poljubiti
faire la bise

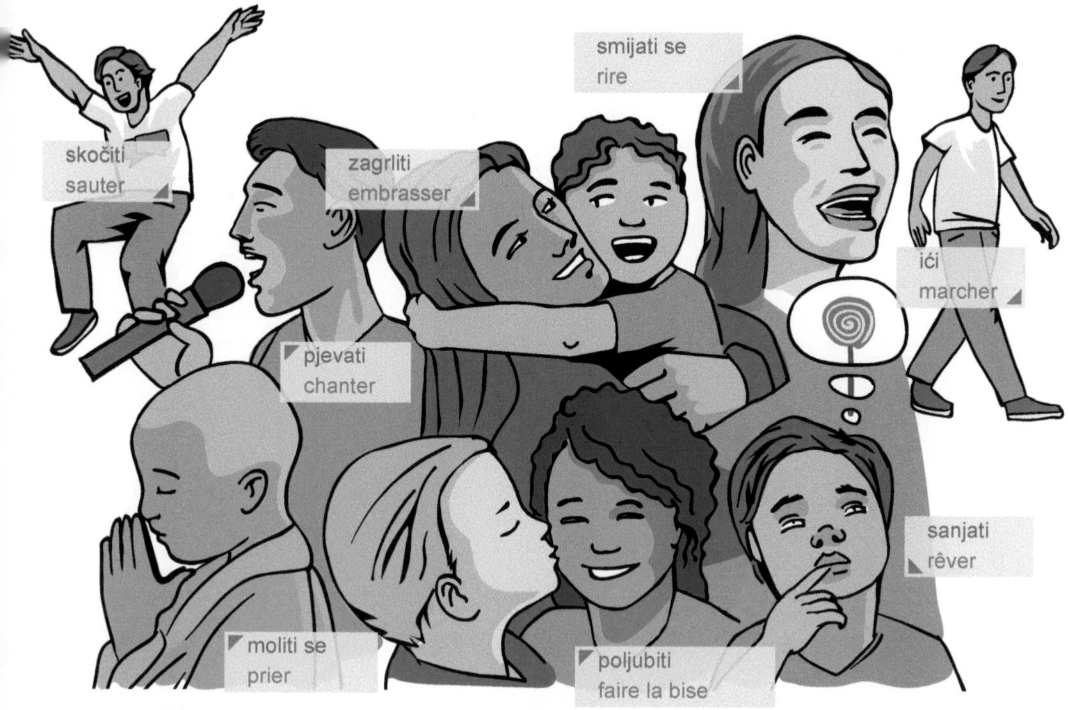

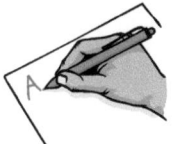

pisati

écrire

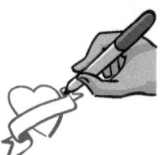

crtati

dessiner

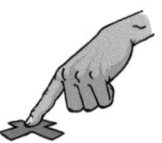

pokazati

montrer

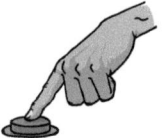

gurati

pousser

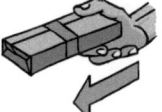

dati

donner

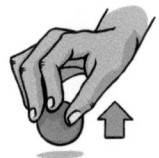

uzeti

prendre

imati

avoir

činiti

faire

biti

être

stojati

être debout

trčati

courir

povlačiti

trier

baciti

jeter

padati

tomber

ležati

être couché

čekati

attendre

nositi

porter

sjediti

être assis

oblačiti

s'habiller

spavati

dormir

probuditi se

se réveiller

gledati

regarder

plakati

pleurer

milovati

caresser

češljati

peigner

govoriti

parler

razumjeti

comprendre

pitati

demander

slušati

écouter

piti

boire

jesti

manger

pospremiti

ranger

voljeti

aimer

kuhati

cuire

voziti

conduire

letjeti

voler

ploviti

faire de la voile

računati

calculer

čitati

lire

učiti

apprendre

raditi

travailler

vjenčati se

se marier

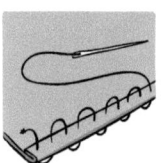

šiti

coudre

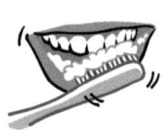

prati zube

brosser les dents

ubiti

tuer

pušiti

fumer

poslati

envoyer

baka
la grand-mère

djed
le grand-père

otac
le père

majka
la mère

beba
le bébé

kćerka
la fille

sin
le fils

gost

l'hôte

tetka

la tante

ujak, stric

l'oncle

brat

le frère

sestra

la sœur

tijelo
le corps

čelo
le front
oko
l'œil
rame
l'épaule
prst
le doigt
lice
le visage
brada
le menton
ruka
la main
noga
la jambe
grudi
la poitrine
ruka
le bras

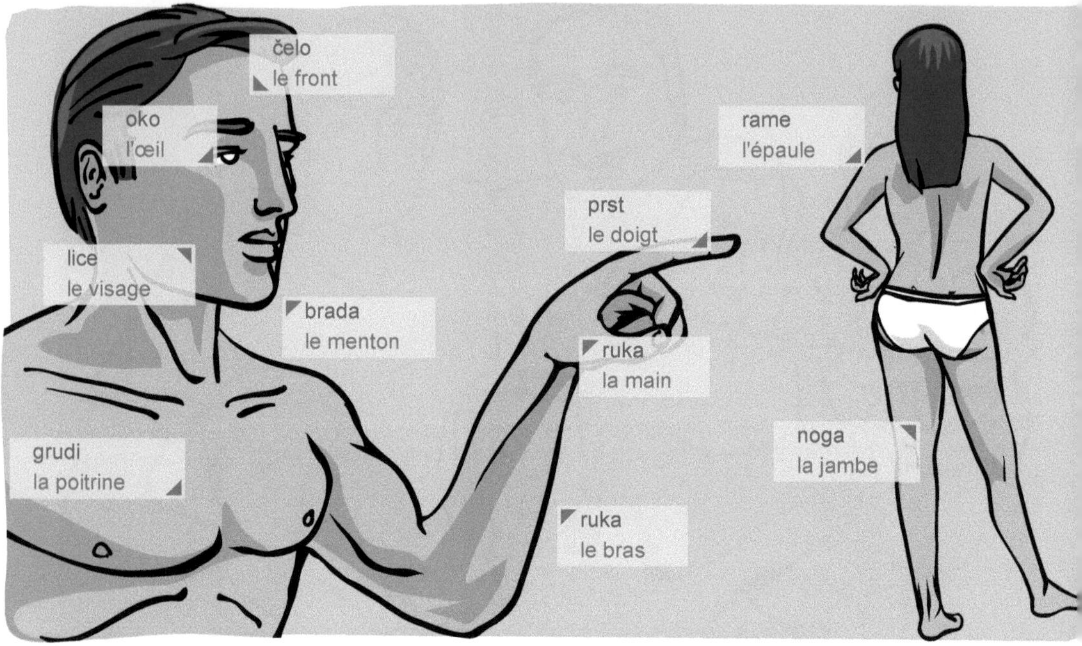

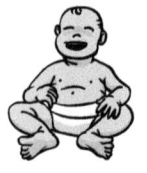

beba

le bébé

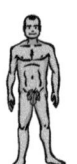

muškarac

l'homme

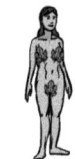

žena

la femme

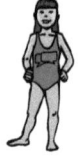

djevojčica

la fille

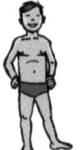

dječak

le garçon

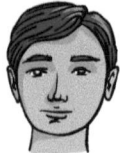

glava

la tête

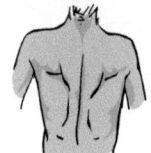

leđa
le dos

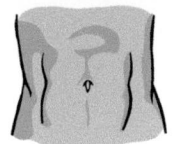

trbuh
le ventre

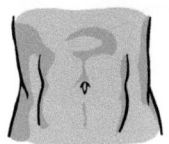

pupak
le nombril

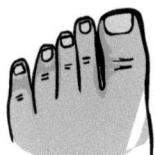

nožni prst
l'orteil

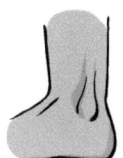

peta
le talon

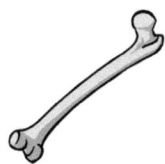

kost
l'os

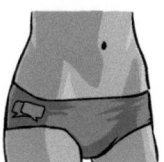

kuk
la hanche

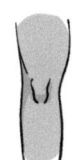

koljeno
le genou

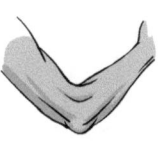

lakat
le coude

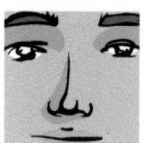

nos
le nez

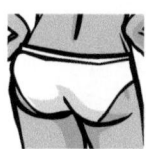

stražnjica
les fesses

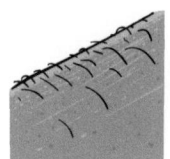

koža
la peau

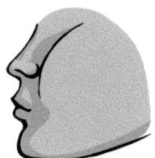

obraz
la joue

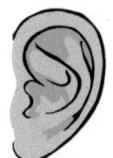

uho
l'oreille

usna
la lèvre

usta

la bouche

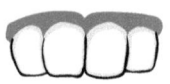

zub

la dent

jezik

la langue

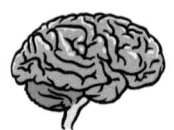

mozak

le cerveau

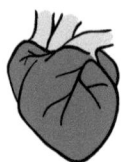

srce

le cœur

mišić

le muscle

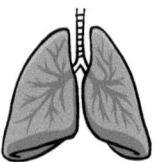

pluća

les poumons

jetra

le foie

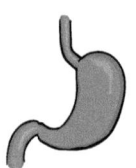

želudac

l'estomac

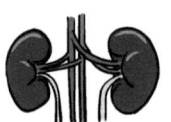

bubrezi

les reins

snošaj

le rapport sexuel

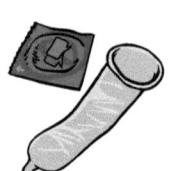

kondom

le préservatif

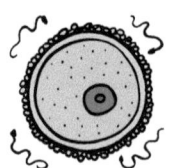

jajna stanica

l'ovule

sperma

le sperme

trudnoća

la grossesse

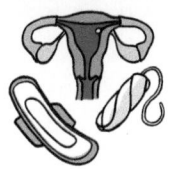

menstruacija
....
la menstruation

vagina
....
le vagin

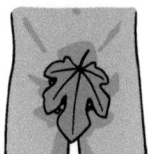

penis
....
le pénis

obrva
....
le sourcil

kosa
....
les cheveux

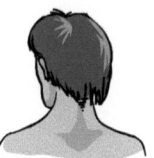

vrat
....
le cou

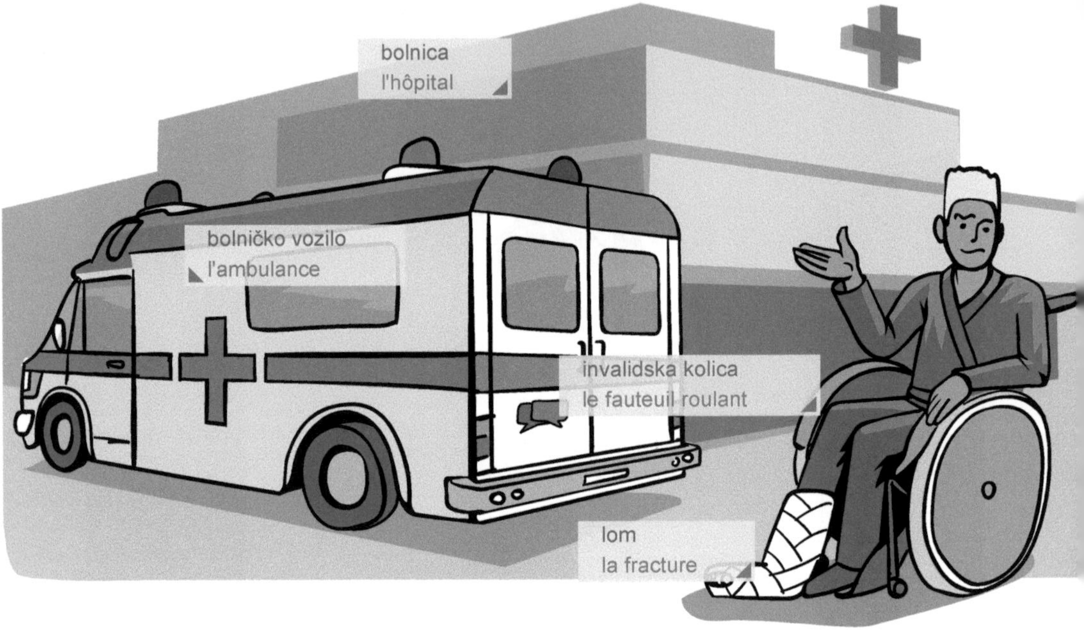

bolnica
l'hôpital

bolnica
l'hôpital
bolničko vozilo
l'ambulance
invalidska kolica
le fauteuil roulant
lom
la fracture

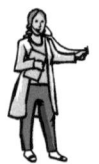

ljiečnik

le médecin

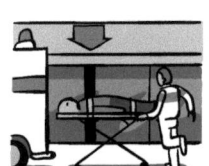

hitna medicinska služba

le service des urgences

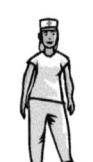

medicinska sestra

l'infirmière

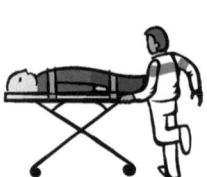

hitni slučaj

l'urgence

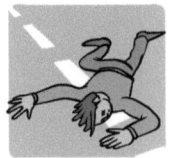

nesvijest

inconscient

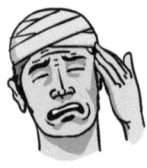

bol

la douleur

ozljeda

la blessure

krvarenje

l'hémorragie

srćani infarkt

la crise cardiaque

moždani udar

l'attaque cérébrale

alergija

l'allergie

kašalj

la toux

groznica

la fièvre

gripa

la grippe

proljev

la diarrhée

glavobolja

le mal de tête

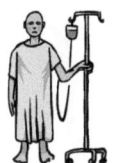

rak

le cancer

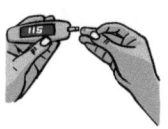

dijabetes

le diabète

kirurg

le chirurgien

skalpel

le scalpel

operacija

l'opération

ct

le CT

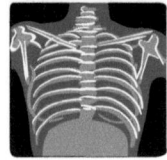

rentgen

la radiographie

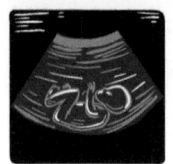

ultrazvuk

l'échographie

maska

le masque

bolest

la maladie

čekaonica

la salle d'attente

štaka

la béquille

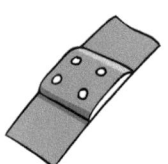

flaster

le pansement

zavoj

le pansement

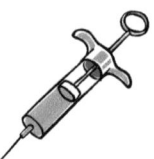

injekcija

l'injection

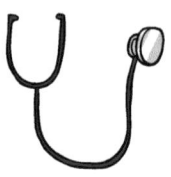

stetoskop

le stéthoscope

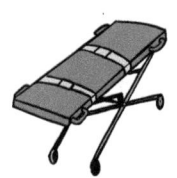

nosilo

le brancard

termometar

le thermomètre

rođenje

l'accouchement

prekomjerna težina

la surcharge pondérale

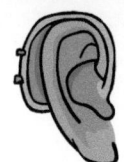

slušni aparat

l'appareil auditif

sredstvo za dezinfekciju

le désinfectant

infekcija

l'infection

virus

le virus

hiv / sida

le VIH / le sida

medicina

le médicament

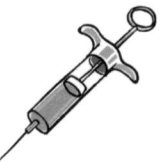

vakcinacija

la vaccination

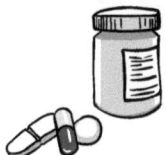

tablete

les comprimés

pilula

la pilule

poziv u pomoć

l'appel d'urgence

uređaj za mjerenje tlaka

le tensiomètre

bolesno / zdravo

malade / sain

pomoć!

Au secours !

alarm

l'alarme

nasrtaj

l'assaut

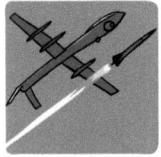

napad

l'attaque

opasnost

le danger

izlaz za nuždu

la sortie de secours

požar!

Au feu!

vatrogasni aparat

l'extincteur

nezgoda

l'accident

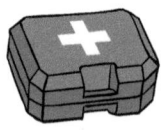

kofer prve pomoći

la trousse de premier secours

sos

SOS

policija

la police

Europa

l'Europe

sjeverna amerika

l'Amérique du Nord

južna amerika

l'Amérique du Sud

Afrika

l'Afrique

Azija

l'Asie

Australija

l'Australie

Atlantik

l'Océan atlantique

Pacifik

l'Océan pacifique

ocean

l'Océan indien

antarktički ocean

l'Océan antarctique

arktički ocean

l'Océan arctique

sjeverni pol

le Pôle nord

južni pol

le Pôle sud

Antarktik

l'Antarctique

zemlja

la terre

zemlja

le pays

more

la mer

otok

l'île

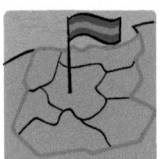

nacija

la nation

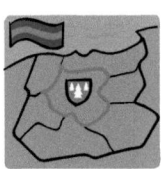

država

l'état

brojčanik sata

le cadran

satna kazaljka

l'aiguille des heures

minutna kazaljka

l'aiguille des minutes

sekundna kazaljka

l'aiguille des secondes

Koliko je sati?

Quelle heure est-il ?

dan

le jour

vrijeme

le temps

sada

maintenant

digitalni sat

la montre digitale

minuta

la minute

sat

l'heure

tjedan
la semaine

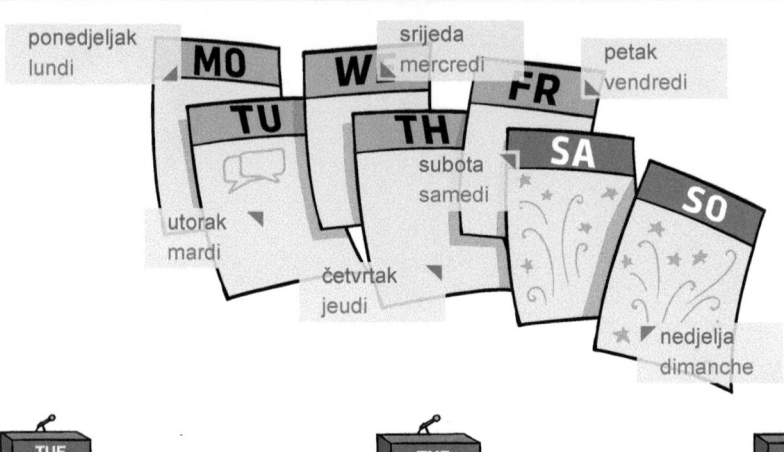

ponedjeljak
lundi

srijeda
mercredi

petak
vendredi

utorak
mardi

subota
samedi

četvrtak
jeudi

nedjelja
dimanche

jučer

hier

danas

aujourd'hui

sutra

demain

jutro

le matin

podne

le midi

večer

le soir

radni dani

les jours ouvrables

vikend

le week-end

godina
l'année

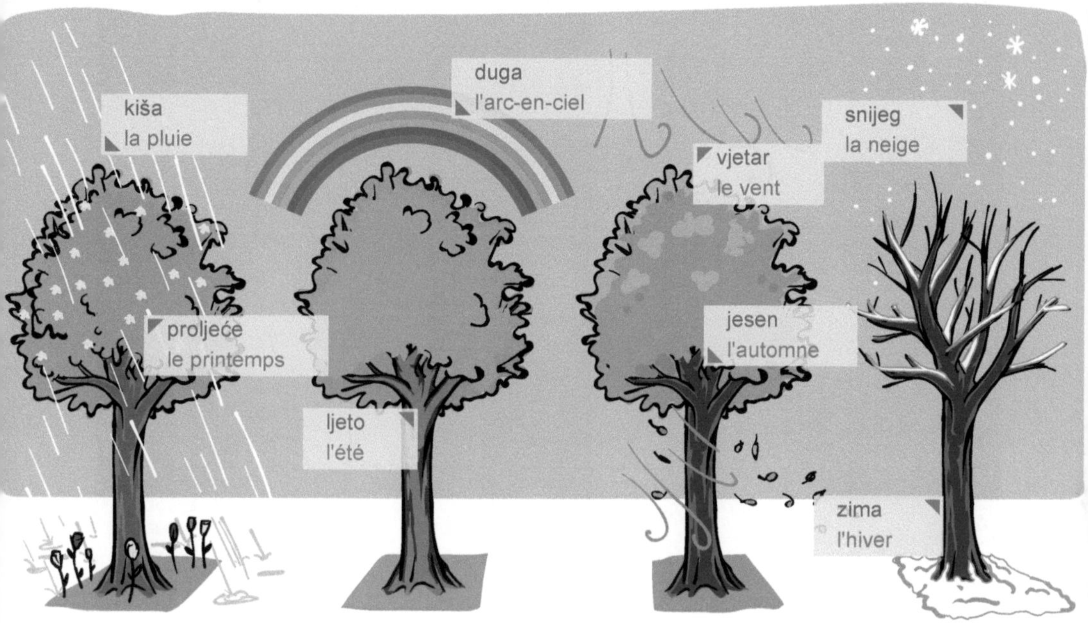
kiša
la pluie
duga
l'arc-en-ciel
snijeg
la neige
vjetar
le vent
proljeće
le printemps
jesen
l'automne
ljeto
l'été
zima
l'hiver

4.APRIL 11°
5.APRIL 4°
6.APRIL 13°
7.APRIL 8°
8.APRIL 10°

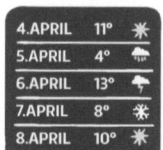

meteorološka prognoza

la météo

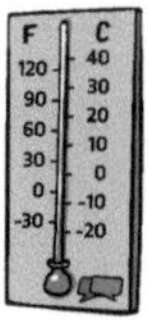
F
C

termometar

le thermomètre

sunčana svjetlost

la lumière du soleil

oblak

le nuage

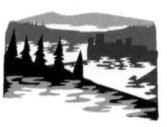

magla

le brouillard

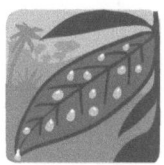

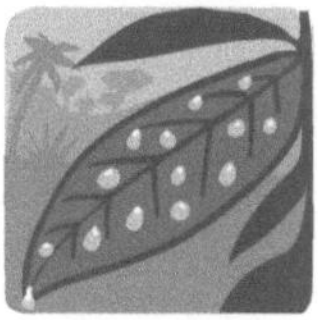

vlažnost zraka

l'humidité

munja

la foudre

grmljavina

la tonnerre

oluja

la tempête

tuča

la grêle

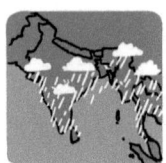

monsun

la mousson

poplava

l'inondation

led

la glace

siječanj

janvier

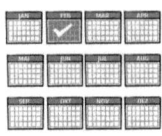

veljača

février

ožujak

mars

travanj

avril

svibanj

mai

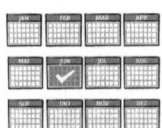

lipanj

juin

srpanj

juillet

kolovoz

août

godina - l'année

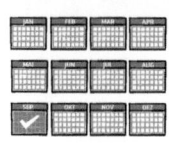

rujan

septembre

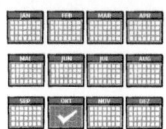

listopad

octobre

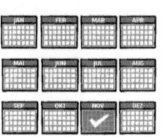

studeni

novembre

prosinac

décembre

krug

le cercle

kvadrat

le carré

pravokutnik

le rectangle

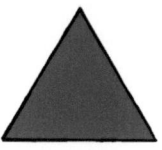

trokut

le triangle

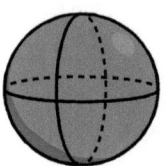

kugla

la sphère

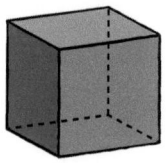

kocka

le cube

bijela

blanc

žuta

jaune

narančasta

orange

ružičasta

rose

crvena

rouge

ljubičasta

violet

plava

bleu

zelena

vert

smeđa

marron

siva

gris

crna

noir

mnogo / malo

beaucoup / peu

ljutito / mirno

fâché / calme

lijepo / ružno

joli / laid

početak / kraj

le début / la fin

veliko / maleno

grand / petit

svijetlo / tamno

clair / obscure

brat / sestra

frère / soeur

čisto / prljavo

propre / sale

potpuno / nepotpuno

complet / incomplet

dan / noć

le jour / la nuit

mrtvo / živo

mort / vivant

široko / usko

large / étroit

jestivo / nejestivo

comestible / incomestible

zlo / dobro

méchant / gentil

uzbuđeno / dosadno

excité / ennuyé

debelo / mršavo

gros / mince

na početku / na kraju

le premier / le dernier

prijatelj / neprijatelj

l'ami / l'ennemi

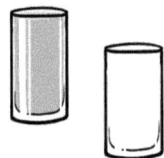

puno / prazno

plein / vide

tvrdo / mekano

dur / souple

teško / lagano

lourd / léger

glad / žeđ

faim / soif

bolesno / zdravo

malade / sain

ilegalno / legalno

illégal / légal

pametno / glupo

intelligent / stupide

lijevo / desno

gauche / droite

blizu / daleko

proche / loin

novo / rabljeno

nouveau / usé

ništa / nešto

rien / quelque chose

staro / mlado

vieux / jeune

uključeno / isključeno

marche / arrêt

otvoreno / zatvoreno

ouvert / fermé

tiho / glasno

faible / fort

bogato / siromašno

riche / pauvre

točno / pogrešno

correct / incorrect

hrapavo / glatko

rugueux / lisse

tužno / sretno

triste / heureux

kratko / dugo

court / long

polako / brzo

lent / rapide

mokro / suho

mouillé / sec

toplo / hladno

chaud / froid

rat / mir

la guerre / la paix

brojevi

les nombres

0

nula

zéro

1

jedan

un / une

2

dva

deux

3

tri

trois

4

četiri

quatre

5

pet

cinq

6

šest

six

7

sedam

sept

8

osam

huit

9

devet

neuf

10

deset

dix

11

jedanaest

onze

12

dvanaest

douze

13

trinaest

treize

14

četrnaest

quatorze

15

petnaest

quinze

16

šestnaest

seize

17

sedamnaest

dix-sept

18

osamnaest

dix-huit

19

devetnaest

dix-neuf

20

dvadeset

vingt

100

stotinu

cent

1.000

tisuću

mille

1.000.000

milijun

le million

engleski

l'anglais

američko engleski

l'anglais américain

kinesko mandarinski

le chinois mandarin

hindi

le hindi

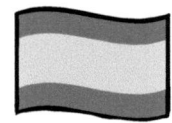

španjolski

l'espagnol

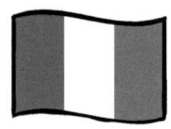

francuski

le français

arapski

l'arabe

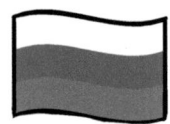

ruski

le russe

portugalski

le portugais

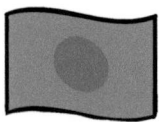

bengalski

le bengali

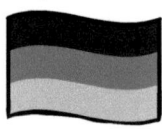

njemački

l'allemand

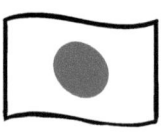

japanski

le japonais

ja
je

ti
tu

on / ona / ono
il / elle / ce, c', cela

mi
nous

vi
vous

oni
ils / elles

tko?
Qui ?

što?
Quoi ?

kako?
Comment ?

gdje?
Où ?

kada?
Quand ?

ime
le nom

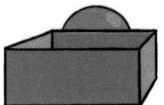

iza

derrière

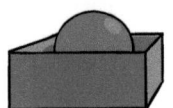

u

dans

ispred

devant

preko

au-dessus

na

sur

ispod

en-dessous

pored

à côté de

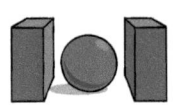

između

entre

mjesto

le lieu